HISTOIRE CONTEMPORAINE

Portraits et Silhouettes au XIXe siècle.

TIMOTHÉE TRIMM

PAR

EUGÈNE DE MIRECOURT.

16

TROISIÈME ÉDITION.

PARIS
LIBRAIRIE DES CONTEMPORAINS
13, RUE DE TOURNON

Et chez tous les libraires de France et de l'Etranger

—

1869

Tous droits réservés.

TIMOTHÉE TRIMM

léo d'espes

Timothée Trimm

TIMOTHÉE TRIMM

(LÉO LESPÈS)

I

Quand un homme écrit chaque jour un article de plusieurs colonnes sur des sujets divers et multiples, et quand il se fait lire, cinq années durant, par huit ou neuf cent mille lecteurs, sans que la rédaction quotidienne de sa plume tenace et persévérante les ennuie ou les fatigue, il y a chez cet homme, — ne craignons pas de le dire, — un mérite incontes-

1.

table. Soutenez tant qu'il vous plaira que c'est un écrivain de second ordre ; accusez le public d'engouement ; dites qu'il y a dans cette cuisine de journaliste des épices inusitées, et qu'elle ne peut agréer aux gourmets du style, — je ne trouve pas que vous ayez absolument tort.

Mais prenez garde, ô critique, ma mie ! Je vous soupçonne de manquer de bienveillance, et d'être même un peu jalouse.

En littérature, comme au restaurant, les mets délicats ne conviennent qu'au petit nombre, d'abord parce qu'ils coûtent cher, ensuite parce qu'ils ne satisfont que très-incomplétement les appétits robustes.

Si je ne tiens pas au luxe du service, et que l'entre-côte succulent, la truffe parfumée soient inabordables à la médiocrité de mes ressources, est-ce à dire que je m'abstiendrai pour cela de me mettre à table ?

Non, certes.

Je remercierai le chef habile qui, sans jamais me faire attendre, me servira vite et chaud, tous les jours, à heure fixe et à prix réduit, un plat qui puisse me convenir : plat varié, plat inoffensif surtout, puisque je l'absorbe trois cent-soixante-cinq fois par an, et que ma digestion est parfaite.

Autre chose encore. Si le chef dont je parle, plus fort que vous ne pensez dans l'art culinaire, n'opérait sur une échelle inférieure que dans l'intérêt de ma bourse et de mon estomac, croyez-vous que vous ayez bonne mine de le molester et de l'importuner, pour qu'il me laisse mourir de faim ? Que diable! je veux manger à mon goût, ne m'enlevez pas mon assiette.

Honneur au fourneau populaire qui fait la cuisine aux masses et ne les empoisonne pas !

Honneur à l'écrivain qui se rapproche des intelligences modestes, les élève sans s'abaisser, et les instruit sans les corrompre !

C'est la tâche que s'est imposée Léo Lespès, en signant tous les matins, depuis l'an de grâce 1862, la chronique du *Petit Journal*, sous le nom de Timothée Trimm, — nom dès aujourd'hui célèbre, et qui, sans effacer l'autre, obtient un retentissement universel.

Donc, on ne peut trop le répéter, l'écrivain qui a le courage de se mettre au niveau du peuple, afin de lui servir une nourriture intellectuelle entièrement saine ; l'écrivain qui tout à la fois vous éclaire et vous amuse, qui intéresse l'esprit sans gâter le cœur, sans attaquer la religion, sans blesser la morale, est au-dessus des Victor Hugo et des George Sand, — je ne dis pas comme splendeur poétique et comme richesse de style, mais comme résultat favorable aux mœurs publiques.

Peu m'importe une coupe d'or, si l'on y verse du poison.

Je bois de préférence au gobelet

d'étain, dans lequel on m'offre un liquide fortifiant et salutaire.

Voilà qui est dit.

Racontons l'histoire de Timothée Trimm.

II

Le chroniqueur du *Petit Journal* est un enfant de troupe.

Son père, chef de bataillon au 21e de ligne, sous le premier Empire, était un soldat très-crâne et très-résolu. Basque de naissance, leste comme tous les montagnards, vif et plein de courage, il dut son avancement à plusieurs actions d'éclat.

On cite de lui un fait extraordinaire.

C'était en 1814. Les Anglais venaient de mettre le siége devant Berg-op-

Zoom, alors occupé par une garnison française. Ils échouèrent dans toutes leurs attaques, et ne réussirent qu'à s'emparer, au bout de six semaines, d'un petit fort extérieur, commandé par le feu de la place, et où ils ne pouvaient installer une seule pièce de canon, sans qu'elle fût à l'instant même réduite au silence par les assiégés.

Presque tous les jours, nos soldats sortaient de la ville et se promenaient sans armes sous les murs de ce fort, en narguant l'ennemi.

Un soir, à la brune, des cris se font entendre :

— Alerte ! les Anglais sont là !

Tous les promeneurs regagnent aussitôt la poterne, et l'adjudant-major Lespès, un peu plus éloigné que les autres, hâte le pas, sans se donner toutefois la peine de courir.

Distinguant, dans le crépuscule, une troupe qui s'avance, il marche droit à elle, croyant avoir affaire à des Français.

Malheureusement, ce sont les casaques rouges.

Il tombe en pleine embuscade.

Les Anglais l'entraînent avec eux dans le fort, lui arrachent sa montre, ainsi qu'une miniature de madame Lespès, fixée par un cordon sur sa poitrine, et coupent jusqu'aux boutons de son habit.

Pendant qu'ils se querellent pour le partage des dépouilles, ne s'occupant plus du prisonnier, celui-ci entend le tambour d'une compagnie, qui passe, en ce moment même, sous le rempart.

Cette fois il n'y a plus d'erreur possible, ce sont des Français.

Notre Basque intrépide s'élance, renverse à coups de poing trois géants britanniques, en train de se disputer la miniature et la montre, leur arrache ces bijoux des mains ; puis, d'un saut qu'eût envié la chèvre la plus agile de ses montagnes, il arrive au bord du rempart, se précipite dans l'espace, et tombe aux pieds du premier tambour, sur le gazon du fossé, heureusement détrempé par une forte pluie de la veille.

Il y enfonça jusqu'à mi-jambe.

— Eh ! corbleu, je ne suis pas mort, et j'ai repris le portrait de ma femme à ces chiens-là ! dit-il aux camarades qui s'empressaient autour de lui.

Le rempart avait treize mètres de hauteur.

Aujourd'hui encore, de vieux soldats de Berg-op-Zoom racontent le saut prodigieux de l'adjudant-major du 21e de ligne.

Or, si les Anglais avaient retenu leur prisonnier, la fortune du *Petit Journal* eût été compromise à un demi-siècle de distance, — car vraisemblablement Joseph-Antoine-Napoléon Lespès (on lui a donné le nom de Léo par abréviation) ne serait pas venu au monde juste l'année suivante, à Bouchain, petite ville du département du Nord, où le régiment de son père était de passage, au retour de Hollande.

M. Lespès mourut chef de bataillon, en 1821.

Il ne fut pas le seul de sa race à s'illustrer dans la carrière des armes. Un de ses neveux est arrivé au grade de colonel du 26e régiment d'infanterie de ligne, après s'être conduit en Crimée de la façon la plus glorieuse.

Francis Wey, ancien président de la Société des gens de lettres, voulant, un jour, faire une surprise agréable à Léo Lespès, alla demander pour lui nous ne savons plus quelle faveur ministérielle, et découvrit ces splendides états de service, dont on ne savait pas le premier mot.

Plus modeste qu'on ne semble le croire, Lespès parle rarement de sa famille.

Né d'un mariage mixte, il dit lui-même qu'il participe à la double nature qui a présidé à sa naissance. Chez lui, pendant une moitié du jour, les instincts d'Israël dominent, et, pendant la seconde moitié, c'est autre chose.

Le matin, il gagne intelligemment l'or comme un juif; le soir, il le donne ou le dépense comme le plus charitable et le plus prodigue des chrétiens.

III

Bercé au son du tambour, élevé dans les casernes, il prit le goût de l'état militaire.

Nous le rencontrons à Paris en 1832, à l'époque des émeutes qui affligeaient les débuts du règne de Louis-Philippe.

L'enfant de troupe a dix-sept ans.

On admire sa vivacité d'allures, son entrain plein de franchise et son inaltérable bonne humeur. Les soldats de son régiment ont pour lui l'affection la plus sincère. Il est la coqueluche des chambrées, raconte des histoires merveilleuses et trouve des mots à faire crever de rire toute l'armée française.

Le 5 juin 1832, l'officier d'armement de son régiment, caserné à la Courtille, manque de cartouches, et l'émeute menace la caserne. Impossible de se battre sans munitions. On consulte le commissaire du quartier, vieux soldat de Wagram, amputé du bras gauche, et dont le faubourg du Temple n'a pas oublié l'attitude énergique, en temps d'émeute.

— Parbleu! dit-il, envoyez à l'état-major, on vous donnera de la poudre et des balles.

— Oui sans doute, répond l'officier d'armement. Mais qui enverrons-nous?

— Envoyez le premier soldat venu.

— Pour qu'on l'arrête et qu'on le fusille en route? Il y a des insurgés dans le faubourg même. On se défie de tout le monde, à plus forte raison d'un soldat.

— Diable! dit le commissaire, en se grattant l'oreille.

Inutile de dire qu'il se la grattait du bras droit.

La difficulté de trouver un messager

ne lui semblait pas sérieuse. Avisant tout à coup Léo, qui n'osait ni intervenir dans la question, ni prendre la parole devant ses chefs, mais dont l'œil mutin, la mine éveillée trahissaient une sorte d'ironie sournoise.

— Gageons que tu as un moyen, toi, farceur ? lui dit-il.

— Certainement, monsieur le commissaire. Si un fantassin ne passe pas en uniforme, un enfant de troupe passera déguisé. Donnez-moi une blouse, coiffez-moi d'un bonnet grec, et vous allez voir !

— Tu es un brave garçon, mon ami. Nous allons écrire au commandant de place.

Dix minutes après, ayant attaché sous sa chemise avec une épingle la lettre qu'on vient de lui confier, le jeune homme campe le bonnet grec sur sa tête en tapageur, enfonce résolûment ses mains dans les poches de sa blouse et descend le faubourg.

Il gagne le boulevard, traverse des groupes menaçants qui stationnent sur la chaussée entre les portes Saint-Martin et Saint-Denis, prend le pas de course à la hauteur du faubourg Poissonnière, et arrive tout essoufflé place Vendôme, où il explique au poste de l'état-major la mission qu'il a reçue.

Un capitaine l'écoute, fronce le sourcil, le prend pour un émissaire de l'émeute et dit à ses hommes :

— Ça me paraît louche. Assurez-vous de ce gaillard-là.

— Minute ! s'écrie l'enfant de troupe, on n'arrête pas le fils d'un commandant de l'Empire. Il paraît que vous n'êtes pas physionomistes, vous autres. Est-ce qu'on empoigne les amis?

Se découvrant la poitrine, il montre le numéro matricule de son régiment imprimé sur sa chemise.

— Attendez, capitaine ! un simple numéro ne prouve rien ; il y a une lettre dessous, dit-il au chef du poste, qui lui adressait des excuses amicales.

Lespès arrache l'épingle et donne le billet dont il est porteur.

2.

On amène un fourgon plein de cartouches, traîné par deux chevaux vigoureux.
Notre jeune messager s'élance à côté du
conducteur, et part au grand trot du côté
de la rue de la Paix.

Il ne savait pas encore pourquoi les
hommes se battent.

Esprit doux et inoffensif, il n'avait pas
le pressentiment des guerres civiles. Il
ne voyait que le plaisir de revenir en
voiture, car il a eu de tout temps un ar-
dent amour de la locomotion, prenant
l'omnibus dans ses misères, le remise à
l'heure dans ses prospérités, et soute-
nant, comme la Guimard, que les pieds
ne sont faits que pour danser.

Quand il traversa le boulevard, assis
sur le fourgon d'artillerie, l'émeute
n'avait pas gagné de terrain, et le régiment tout entier l'accueillit par des bra-
vos enthousiastes.

IV

A douze ou quatorze mois de là, on jouait *Atar-Gull* à l'Ambigu-Comique.

Un jeune soldat, arrivé trop tard pour prendre un rang convenable à la queue, reçut de l'employé du bureau, lorsqu'il voulut payer la demi-place réglementaire, cette laconique réponse, que les conducteurs d'omnibus ont transmise aux théâtres heureux :

« — Complet ! »

—- Fichtre ! moi qui ne pourrai pas revenir demain, s'écria le conscrit, ai-je du guignon ?

Au même instant, quelqu'un lui frappe sur l'épaule. Il entend une voix brusque et bienveillante lui dire :

— Sois tranquille. Aujourd'hui, demain, tous les jours, je veux qu'il y ait de la place ici pour toi, mon bravé dénicheur de cartouches! Monte dans ma loge.

C'était le commissaire manchot, l'amputé de Wagram, qui venait de reconnaître le courageux enfant de troupe de la caserne de la Courtille.

Définitivement soldat, Lespès obtint les premiers galons... de laine rouge.

Malgré sa jeunesse, on le considérait au régiment comme le plus zélé des caporaux instructeurs. Ses chefs lui confiaient parfois des centaines de conscrits, fraîchement débarqués de Lorraine ou de Bretagne. Il les dirigeait, les morigénait avec un aplomb superbe, ne plaisantait jamais dans l'exercice de ses fonctions, et réunissait au suprême degré la conscience de l'autorité pour lui-même à l'exigence d'une stricte discipline chez ceux qu'on plaçait sous ses ordres.

D'une taille au-dessous de la moyenne (il n'a pas grandi beaucoup depuis lors), on aurait cru qu'il allait succomber sous le poids de son fusil.

Grave erreur !

Il le maniait comme il eût fait d'un roseau, joignant à la multiplicité des démonstrations l'exemple vingt fois répété de chaque mouvement, à tel point que le sang lui jaillissait des mains, et qu'il les montrait aux conscrits, en disant :

— Prenez donc garde de vous faire du mal, Mesdemoiselles !... Voyez, moi, si j'ai peur d'une égratignure ?

Une noble émulation circulait alors d'un bout à l'autre des rangs. Bretons et Alsaciens faisaient des prodiges, et Léo Lespès formait à l'école de peloton des soldats accomplis.

Nous signalons à qui de droit cette particularité de son histoire, dans la conviction qu'on réclamera ses lumières et ses services, pour la réorganisation prochaine de l'armée. Bismark et messieurs les Prussiens trouveront à qui répondre.

En 1836, le lieutenant-général Ay-

mard, inspectant à Lyon la septième di-
vision militaire, assistait à des manœu-
vres de détail sur la place Bellecour.
Il désigna Léo Lespès au colonel et dit :

— Voilà un jeune caporal qui mène
admirablement ses hommes.

— Oui, répond le colonel, c'est un
soldat de choix, un enfant de la balle.
Mais il gâte ses qualités par un défaut
terrible.

— Quel défaut ?

— Ne m'en parlez pas : le malheureux
fait des vers !

Effectivement un diable poétique s'é-
tait logé dans la cervelle de Léo Lespès,
et ne semblait pas vouloir déménager de
si tôt.

Très-amateur de lecture, le caporal
avait dévoré d'abord une foule de romans, tant anciens que modernes. Puis,
les œuvres de Béranger, de Lamartine et
de Victor Hugo lui étant tombées sous
les yeux, il en perdit le sommeil et fut
pris du vertige de la rime.

Doué d'une intelligence exceptionnelle et d'une facilité prodigieuse, il devina sur-le-champ le secret de la césure, triompha des obstacles de l'hémistiche, et, en moins d'une semaine, la prosodie lui révéla ses mystères.

Ce fut alors un déluge de strophes, une avalanche de couplets, non seulement sur les charmes du beau sexe de Lyon, — ce qui pouvait compromettre la morale plutôt que la discipline, — mais encore sur les frelatages de la cantinière, — sur la *gratte* opérée par tel ou tel — sur l'exiguité des rations, — sur les économies secrètes du maître tailleur, — sur le ventre du gros major, — que sais-je ?

Il alignait à tout propos des **vers** de tous les calibres.

On le voyait passer alternativement, et sous le plus frivole prétexte, de l'ode à la chanson, de l'idylle au dithyrambe, du madrigal au poëme épique, tant enfin qu'un de ses oncles, chirurgien en

chef du corps [1], crut devoir le changer
d'air et de régiment, pour arrêter cette
fureur d'éperonner Pégase, qui pouvait
obtenir à son neveu le fauteuil académi-
que plutôt que le bâton de maréchal de
France.

V

Léo passe au 55e, alors en garnison
à Clermont-Ferrant, et va rendre visite
au commandant Cornille, grand ami de
son oncle.

— Dis-moi, si je te proposais de tro-
quer contre un galon de sergent les lau-
riers de ta muse, j'aime à croire que tu

1. Cet oncle de Léo Lespès était M. Ploche,
dont le fils, attaché au secrétariat de l'une de
nos grandes administrations de chemin de fer,
est un des hommes les plus aimables et les plus
distingués de Paris.

ne refuserais pas? lui insinue M. Cornille sans autre préambule.

— C'est impossible, mon commandant.

— Pourquoi cela?

— Vous le savez bien. Quand on change de corps, on perd son droit à l'avancement pendant une année. Je vous demande autre chose : faites-moi passer dans les voltigeurs, et je ne rime plus de ma vie.

— Dans les voltigeurs... une compagnie d'élite?

— Voilà justement le motif pour lequel j'ambitionne d'y entrer.

— Par exemple! tu n'as pas un brin de barbe au menton.

— Ni barbe, ni moustache...

C'est vrai, mon commandant, mais aux âmes bien nées
La valeur n'attend pas le nombre des années.

— Encore des rimes! Tu es donc incorrigible?

— Je ne suis pas coupable de ces
deux-là, mon commandant ; c'est Cor-
neille qu'il faut envoyer à la salle de
police.

L'ami du chirurgien Ploche partit d'un
joyeux éclat de rire.

— Ton oncle a raison, tu as trop
d'esprit, je déciderai ce qu'on peut faire
pour toi.

A l'ordre du lendemain, Léo bondit
d'allégresse : il était nommé caporal de
voltigeurs. Certes, il eût sacrifié bien
autre chose que sa vocation poétique à
l'agrément de porter les fameuses épaulettes jaunes en poil de chèvre, qui d'un
peu loin, pendant le jour, et le soir, de
très-près à la lumière, imitent parfaitement l'or. Aux yeux de certaines dul-
cinées naïves, on passe au besoin pour
un militaire de haut grade.

Notre caporal ne l'ignorait pas, et les
questions de gloriole et de toilette,
— il faut bien l'apprendre au lecteur, —
étaient déjà pour lui, et sont encore des
questions sérieuses.

Les épaulettes jaunes valurent à Lespès son unique duel.

On s'était empressé tout d'abord de le mettre de semaine, gracieuseté négative qu'on réserve invariablement aux nouveaux venus. Dès le premier jour, ayant à garnir les chambrées d'un certain nombre de matelas neufs, et peu au fait des habitudes du 55ᵉ, qui revenait d'Afrique, il convoque la compagnie entière, à seule fin de remplir cette besogne.

Cent vingt voltigeurs pour transporter quinze ou dix-huit matelas, c'était du luxe.

Mais Léo suivait les errements de son ancien corps, où l'on commandait tout le monde en pareil cas, sauf à renvoyer ensuite les bras inutiles. Étonné d'entendre des murmures, et voyant que personne ne bouge, il réitère son ordre. Les voltigeurs lui sifflent au nez et tournent le dos.

— Ah ! c'est comme cela ? dit Lespès.

Je vous condamne tous à trois jours de consigne !

Stupeur indescriptible, puis révolte complète et cris d'indignation.

Les plus furieux vont se plaindre au lieutenant ; celui-ci transmet la chose au capitaine, et bientôt le colonel, informé de ce qui a lieu, somme le nouveau caporal de venir s'expliquer devant lui.

Notre héros ne se déconcerte pas.

Il prouve au colonel que le fait est tout simple, puisque l'ordre qu'il a donné s'exécute dans les autres régiments de l'armée française. On devait obéir d'abord, sauf à présenter ensuite des observations, dont il aurait nécessairement tenu compte.

— Moins le grade est élevé, mon colonel, ajoute-t-il, plus on a besoin de respect.

— Vous avez raison, caporal. Au lieu de trois jours de consigne, ils feront huit jours de salle de police. Allez leur dire cela de ma part.

C'était flatteur pour Léo, mais très-dur pour la compagnie.

Le soir même, un vieux caporal à la face bronzée, aux moustaches exorbitantes, marche droit à son jeune collègue, et lui dit :

— Ah ! ça, blanc-bec, tu nous feras des excuses, ou sinon... Tu comprends ? il va falloir en découdre.

— Tiens, c'est joli !... Est-ce que tu crois m'intimider, par hasard, avec ta double queue de vache sous les narines ? répondit Lespès. Nous allons en découdre, soit, — à l'instant même, et sans plus de retard.

Il avait affaire à un sabreur émérite.

Bien assurément, dès la première passe, il aurait eu le crâne fendu ou la poitrine trouée, si le maître d'armes qui assistait au duel, l'œil attentif et le bras sûr, n'eût levé chaque fois, de sa canne, la pointe homicide, quand elle était sur le point de toucher le jeune homme.

3.

Le maître d'armes laissa l'engage-
ment durer quelques minutes, puis il
cria aux adversaires :

— C'est bien, vous êtes deux braves !
Assez d'exercice pour le sabre. Venez
maintenant jouer de la fourchette, avec
les témoins et votre serviteur.

Une somme de trente francs, reste du
budget des menus-plaisirs consenti à
son neveu par l'oncle Ploche, au départ
de Lyon, servit à payer les côtelettes et
le bourgogne aux convives. Le maître
d'armes, vieux brave, qui cherchait toujours à empêcher les rencontres san-
glantes, leur dit au dessert d'une voix
attendrie :

— Voyez-vous, mes enfants, j'aime
mieux un déjeuner qu'un cadavre !

VI

Léo Lespès, ayant promis de renoncer
aux élucubrations poétiques, décida tout

naturellement que cette promesse ne l'engageait pas pour la prose. En conséquence, il écrivit quelques nouvelles, dont les journaux du Puy-de-Dôme eurent la primeur.

Il se distinguait déjà par une grande originalité littéraire et se tenait au courant de toutes les œuvres enfantées par les plumes illustres de l'époque.

Une autre aptitude se révéla bientôt chez lui.

A l'invitation de ses chefs, il parla plusieurs fois dans les banquets de sous-officiers, et développa des toasts avec une facilité d'élocution vraiment prodigieuse. On l'écoutait avec un plaisir extrême, et ses camarades le surnommaient le Cicéron du 55e.

Ses triomphes oratoires lui tournèrent la tête, au point de le pousser à l'acte imprudent que voici.

Un soldat de son régiment, après s'être enivré au cabaret, parcourut, un soir, l'une des promenades les plus fréquentées de la ville, en criant : « Vive

la république ! » et en faisant précéder,
dans un autre cri, les mots *pour Louis-
Philippe* d'un vocable inusité dans le
langage honnête. Victor Hugo, seul, a
cru pouvoir l'imprimer, de nos jours,
se figurant à tort que le génie fait passer
l'ignoble.

Déclaré coupable d'outrage à la
Majesté régnante et d'excitation au ren-
versement du trône, le soldat fut traduit
devant le conseil de guerre et frappé
d'une sentence rigoureuse.

Léo trouva que le défenseur avait
plaidé d'une façon déplorable.

— Fais appel, dit-il au soldat,
je te défendrai, moi !

Ses chefs lui adressent en vain des
représentations pleines de sagesse. On
avait oublié dans le premier jugement
d'appliquer l'amende. L'appel, disaient-
ils, ne pouvait que ruiner le condamné.

— Que voulez-vous ? répond Lespès.
Je suis engagé vis-à-vis de ce pauvre
homme, et je ne veux pas lui manquer

de parole ; — il est trop tard. Advienne
que pourra !

Le jour de l'audience, dans une plai-
doirie vraiment éloquente, notre avo-
cat improvisé prouve qu'on a exagéré
l'emploi des mesures de rigueur et que
son client n'est pas indigne de la pitié
du conseil de guerre.

« — Ah ! Messieurs, dit-il en termi-
nant, j'en appelle à votre conscience et
à vos cœurs. Voilà un malheureux enfant de nos campagnes tombé au sort.
On l'arrache légalement du toit pa-
ternel ; il s'en va bien loin de sa famille,
appelé qu'il est à défendre la France.
Sa mère l'embrasse et pleure, en vous
disant : Prenez-le ! Qu'il serve la patrie,
cette autre mère dont je ne dois pas
être jalouse ; mais je vous en conjure,
remplacez-moi, et veillez sur lui ! Donc,
cet enfant vous est confié, vous lui tenez
lieu de la famille absente. Et voilà qu'un
jour, éloigné de ses affections, privé de
conseils, entraîné par d'imprudents camarades, il se grise et perd la conscience

de ses paroles et de ses actes. Or, Messieurs, on ne condamne pas plus un homme ivre qu'on ne condamne un fou ; les discours de ce malheureux ne peuvent ni contenir une offense, ni souiller le drapeau. C'est une tache de vin, Messieurs, et une tache de vin çà se lave ! L'honneur n'est point ici en cause. C'est un accident plutôt qu'un crime. Rendez cet enfant à sa mère, et ne le déshonorez pas ! »

Tout l'auditoire fondait en larmes ; son client fut acquitté.

N'importe, la note était mauvaise. Léo sentit qu'il fallait renoncer à toute espérance d'avancement ; il quitta le service en 1838, et prit le chemin de la capitale.

Une voix secrète lui disait que la carrière des lettres, si rude et si épineuse pour d'autres, lui réservait des abords faciles et quelques sentiers fleuris.

En attendant, le diable logait au fond de sa bourse.

Léo Lespès, avant de trouver un pre-

mier journal qui voulût bien accepter la
copie qu'il lui présentait, connut la mi-
sère et la faim.

Néanmoins son courage ne fit que
s'accroître par les obstacles.

Il se présente, un jour, dans les bureaux du *Négociateur*, sorte de revue
industrielle qui venait de se fonder. Le
directeur-gérant de cette feuille allait se
mettre à table. C'était un jeune homme
à peu près de son âge. Ils causent
ensemble, et Léo lui fait ses offres de
service d'une manière si originale, que
son interlocuteur lui dit :

— Voulez-vous dîner avec moi, sans
façon ?

— Très volontiers. Comme ça se
trouve ! On a bien raison de dire qu'il ne
faut jurer de rien. Je m'étais promis de
ne pas manger de la journée.

— Bah ! Pourquoi donc ?

— Parce que je n'ai plus un centime
en poche. Ce doit être la Providence qui
vous inspire. Employez-moi, vous verrez
que je suis un homme de ressource.

— Dînons d'abord.

— Oui, dînons !

En sortant de table, ils étaient camarades. Le gérant dit à Lespès :

— Je n'ai pas besoin de rédacteurs, mais il me faut un sténographe. Connaissez-vous la sténographie ?

— Assurément, répondit Léo, sans sourciller.

— Il y a demain un procès curieux. Teste plaide. Allez de bonne heure au Tribunal de commerce, et rapportez-moi le compte-rendu de l'affaire. Voici vingt francs, puisque vous n'avez plus le sou.

— Bien obligé ! Je vous apporterai l'article.

En sortant des bureaux du *Négociateur,* Lespès se dit à lui-même :

— Tout procédé de convention n'a pas de règle fixe et peut varier selon les besoins de celui qui l'emploie, — simple affaire de mémoire et d'intelligence. O nécessité, mère de l'industrie, c'est le cas ou jamais de venir à mon secours !

Il ne savait pas le premier mot de l'art
du sténographe.

VII

Le gérant du *Négociateur* s'appelait
Polydore Millaud.

Quand le jeune homme lui montra le
lendemain son article, il le parcourut
rapidement et donna des signes de sa-
tisfaction.

— Très-bien ! dit-il, c'est le meilleur
compte-rendu qu'on m'ait apporté jusqu'à ce jour. Vous m'allez parfaitement,
mon cher. Je vous attache à la rédaction.

Comment Lespès avait-il accompli ce
tour de force ? Les discours de Teste, de
Durmont, de Schayé, reproduits presque
intégralement, étaient d'une exactitude
à confondre le plus habile des sténogra-

phes parisiens. Aidé de sa prodigieuse
mémoire et d'une force de volonté qui
allait jusqu'à l'héroïsme, il avait saisi au
vol chaque phrase de l'orateur et trouvé
un système particulier d'abréviations,
qu'il met encore aujourd'hui en pratique.

Demandez aux compositeurs du *Petit-
Journal* : ils vous répondront, — en
poussant un soupir, — que c'est l'exacte
vérité.

Millaud songeait, dès lors, à créer une
concurrence aux feuilles judiciaires. Il
s'attacha de plus en plus Léo Lespès,
dont il admirait la plume facile, et dont
la copie ne se faisait jamais attendre.

Le premier numéro de *l'Audience*
parut.

Presque tous nos contemporains se
souviennent d'un feuilleton lugubre publié dans ce journal, et qui avait pour
titre *les Yeux verts de la Morgue*. Il
était signé : le Commandeur Léo-Lespès.

Dès le principe, le patron avait jugé
convenable d'honorer de ce titre l'ex-

fantassin, pour mieux convaincre 'les abonnés qu'il avait des plumes d'élite et une noble rédaction.

A cette époque, on recherchait beaucoup le terrible, on affectionnait le sinistre. Tout ce qui faisait dresser les cheveux sur la tête du lecteur était de mode, et Lespès excellait dans le genre, — bien que l'article léger, bonhomme et demi-badin, soit mieux dans ses cordes, ainsi que le prouve spécialement sa longue collaboration au *Figaro*.

C'est le Girardin du journal littéraire. Il devine le succès, pressent le goût des masses et ne se trompe jamais sur l'article qui peut servir de glu pour prendre les oiseaux de l'abonnement. La fibre qu'il faut toucher, dans telle circonstance et dans telle autre, afin d'émouvoir le public, n'est pour lui l'objet d'aucune recherche : il la tient sous le bec de sa plume et la fait tressaillir infailliblement.

Si Léo Lespès avait été administrateur aussi économe, qu'il est rédacteur

infatigable, il serait aujourd'hui million-
naire.

De 1842 à 1846, il publia *les Histoires
roses et noires,* — *les Mystères du
grand Opéra,* — et ces fameuses *Histoires à faire peur,* qui ont troublé pendant six mois le sommeil des cuisinières
et la douce quiétude de messieurs les
concierges.

Il donna, l'année suivante, les *Esprits
de l'âtre,* petit roman d'une forme déli-
cate et mieux réussi comme finesse de
touche.

Voyant croître sa réputation, plaçant
partout sa prose, et n'étant plus obligé
de suivre à la piste la pièce de cent sous,
il se maria. Madame Lespès, aujourd'hui
défunte, avait pour père un ancien avo-
cat général. Elle était alliée à la famille
de M. Ferdinand Favre, ancien maire de
Nantes.

Cependant *l'Audience,* malgré de vail-
lants efforts pour vaincre la *Gazette des
Tribunaux,* succomba dans la lutte.

Devinez le nom du journal où nous voyons ensuite Léo Lespès installé comme rédacteur en chef ?

Je vous le donne en mille.

Bien certainement vous allez jeter votre langue aux chiens. J'ouvre une parenthèse pour que vous ayez au moins le temps de réfléchir, avant de prendre cette détermination.

Souvent on a cru devoir mettre nos bons curés de campagne, et même ceux des villes, en garde contre un piége singulier, dans lequel ils ont été pris vingt fois, et où chaque jour ils sont exposés à tomber encore. Un nouvel avertissement n'est donc pas superflu. La presse industrielle, abusant de leur confiance naïve et de leur sainte candeur, les provoque à s'abonner à des publications inouïes, à des journaux étranges, à des recueils extravagants, dont la cuisine littéraire, servie sous le manteau du catholicisme, est préparée (je vous vois frémir, ô dignes prêtres !) par des vaudevillistes, par des juifs, ou par d'autres écrivains,

4.

dont la plume, — très-honnête, c'est possible, — n'est rien moins que canonique.

Ici, on place naturellement la spéculation en première ligne. La conscience religieuse ne vient qu'en second ordre.

On encombre la bibliothèque des presbytères d'un ramassis d'œuvres sans nom, mal digérées, mal conçues, pillées à droite ou à gauche dans les vieux sermonnaires, habillées pour la circonstance d'un style plus ou moins neuf, et où la doctrine est aussi malmenée que possible. Or, sans vous mettre plus longtemps en face d'un logogriphe, interrogez là-dessus Léo Lespès : il a rédigé pendant trois ans le *Journal des prédicateurs*.

VIII

Oui, monsieur le curé !

Ce journal que vous avez reçu, et dont

vous rompiez la bande avec un respect
visible ; ce journal qu'on vous voyait lire
si pieusement, le soir, pendant les lon-
gues soirées d'hiver, était écrit d'un bout
à l'autre par l'auteur des *Mystères du
grand Opéra.*

Le Père de l'Eglise qui vous dictait
vos prônes du dimanche était Léo Lespès
en personne.

Un joyeux viveur, je vous le jure ! qui
faisait, — je le crois du moins, — très-
irrégulièrement ses pâques ; mais, qui
en revanche, devait se payer de fins
gueuletons, le quinze et le trente du
mois, quand on avait signé au bureau
du journal les quittances d'abonnement
par centaines, — la vôtre, monsieur le
curé, et celle de vos confrères.

Je vois ce que vous allez me répondre :

— Ce bon monsieur Lespès, direz-vous,
s'est probablement converti sans que
vous le sachiez. On ne se livre pas à des
travaux de ce genre, si l'on n'a pas

une conviction bien intime et une foi véritable.

Converti, monsieur le curé ? vous nous la donnez belle.

Il était converti comme Auguste Lefranc, le spirituel auteur du *Major Cravachon* et d'une foule d'autres vaudevilles joués sur nos théâtres de genre, — Auguste Lefranc qui rédigeait à la même époque la *Chaire catholique*, — entendez-vous, monsieur le curé, — la *Chaire catholique ?* Il était converti comme les juifs dont je parlais tout à l'heure, scribes effrontés, qui remplissaient leur caisse, en jouant une comédie impudente et en se moquant du sacerdoce chrétien.

Léo Lespès, Auguste Lefranc, passe encore.

Après tout, ce sont deux braves garçons qui ont reçu le baptème. Pour être indifférents en matière religieuse comme la plupart des cerveaux légers de ce siècle, ils ne sont pas impies, je vous l'atteste.

Mais des juifs, monsieur le curé !

Des juifs qui vous faisaient avaler leur style béat et leur rédaction hypocrite, des juifs qui puisaient à pleines mains dans votre bourse et dans celle du clergé de nos provinces ; des juifs qui vous prêchaient la charité, l'amour du prochain, le détachement des biens de ce monde...

Ah ! fi donc !

Je ne vous dirai pas leur nom, vous tomberiez en défaillance.

M. Boiste, propriétaire du *Journal des Prédicateurs*, payait bien son rédacteur en chef, qui, du reste, toute considération catholique à part, accomplissait sa tâche avec très-peu de théologie, mais avec le plus grand soin.

Comme il ne connaissait pas la langue latine et qu'il tenait à dissimuler autant que possible cette lacune de son éducation première, il étudiait le sens de chaque passage dans une traduction fidèle, et bourrait ensuite de latin tous les sermons du journal, absolument comme le médecin de Molière en bourrait ses discours, lorsqu'il parlait à des gens qui ne le savaient pas, ou qui le savaient peu. Ce fut au point que plus d'un curé lui écrivit :

« Je me réabonne avec plaisir à votre *Journal des Prédicateurs ;* mais, au nom du ciel, ménagez notre ignorance, pas tant de citations latines ! »

Afin de mieux comprendre les textes sacrés, et pour se préserver du solécisme, Léo Lespès prit la détermination d'apprendre le latin, et même le grec. Il touchait alors à la quarantaine. C'était plus que du courage. Depuis il a persisté dans cette étude vraiment héroïque ; il est peut-être en mesure aujourd'hui de se présenter à l'examen du baccalauréat ès-lettres.

Et, s'il vous plaît, ne croyez pas que je plaisante.

Messieurs de la Sorbonne auront quelque jour l'honneur d'interroger Timothée Trimm et de lui accorder son diplôme.

Voici une anecdote peu connue. Je vous en garantis l'authenticité.

Le Père Lacordaire prêchait à Notre-Dame. Ignorant l'interdiction formelle de reproduire les *Conférences* de l'illustre dominicain, ou plutôt bravant cette interdiction dans l'intérêt de ses abonnés, notre rédacteur en chef imprime une de ces conférences tout entière, et reçoit presque aussitôt l'assignation de comparaître à la 7e chambre pour répondre du délit de contrefaçon.

Tout homme de lettres à la place de Léo Lespès, eût jeté feu et flamme.

« Quoi ! vous prêchez la parole de Dieu, n'aurait-il pas manqué d'écrire, et vous empêchez cette parole sainte de suivre son cours ! Vous la réservez au privilége, vous en faites commerce, vous traînez devant les tribunaux ceux qui la propagent dans l'intérêt de la doctrine évangélique ! Où en sommes-nous ? Quel apôtre êtes-vous donc ? etc., etc. »

Deux ou trois cents lignes sur ce thème eussent coulé de source.

Mais Lespès, fin comme l'ambre, suit
une marche absolument contraire. Il ne
mentionne même pas le procès qu'on lui
intente et continue de parler du célèbre
prédicateur avec une vénération profonde;
il exalte son éloquence et le porte aux
nues avec un enthousiasme qui ne connaît plus de bornes.

On arrive à l'audience. L'affaire se
plaide.

Le procureur du roi (c'était sous le
règne de Louis-Philippe) se lève et dit
gravement :

« — J'avoue, Messieurs, que je ne comprends pas un procès de ce genre. Il est
évidemment provoqué par les ayants-
droit du Père Lacordaire, — ses éditeurs
j'imagine, — plutôt que par l'illustre re-
ligieux lui-même, car le journal en cause
est un de ses plus ardents apologistes.
Les articles que je vais vous lire en sont
la preuve.

M. le procureur du roi donne lecture
des articles.

« — Vous le voyez, continue-t-il, im-

possible de déployer plus de bienveillance et plus d'admiration. Si le Père
Lacordaire était dans le prétoire, il vous
supplierait de renvoyer les prévenus des
fins de la plainte. »

A l'instant même on prononça l'ac-
quittement.

Dans les lectures édifiantes et chré-
tiennes que nécessitaient ses travaux,
Lespès avait médité le mot de saint
François de Sales : « On prend beaucoup de mouches avec du miel, on n'en
prend point avec du vinaigre. »

Que la leçon profite à tous ceux qui
tiennent la plume.

IX

Léo Lespès a publié, chez Worms, en
février 1848, la *Vie du prince Napoléon
Louis*, avec autographe et portrait, —

5

et, en 1852, chez Bonaventure et Ducessois, l'*Histoire de la Présidence du prince Louis Napoléon*, œuvre sérieusement méditée. Ce sont des travaux d'histoire plutôt que de politique. Il répète à qui veut l'entendre :

« — Je n'ai jamais eu le moyen d'avoir une opinion ! »

Quelqu'un lui demandait un jour de quel côté il se déciderait à prendre place, si on l'envoyait comme député au Corps législatif.

« — Je resterais debout, dans un coin, répondit-il avec une gravité stoïque, pour voter, dans l'occasion, sans système et sans colère, avec la droite, la gauche, ou le centre... selon ma conscience. »

A merveille ! Mais il aurait fallu voir.

En dehors de la besogne considérable que lui donnait son métier de journaliste, Léo Lespès publia, pendant ces vingt dernières années, *les Soirées républicaines*, — une *Histoire illustrée de la Révolution de Février*, — *Paris dans un fauteuil*, — *les Soirées de la*

Saint-Sylvestre, — *les Contes de Per-rault, continués par Timothée Trimm,* — *les Quatre coins de Paris,* — *les Filles de Barrabas,* etc. Il fonda une multitude de feuilles périodiques, dont les principales sont : *le Magasin des familles,* — *la Revue des loteries,* — *la Presse théâtrale,* — et *le Journal Monstre.*

Dans la pêche miraculeuse de l'abonné, personne au monde n'a su jeter le filet comme lui.

Un de ses camarades entre, un matin, dans sa chambre et le trouve en train d'aligner sur la couverture de son lit tous les mandats apportés par le courrier du jour.

Cela représentait une somme considérable.

Lespès les entassait l'un sur l'autre pendant des semaines entières et se plaisait à voir le paquet grossir.

Une fois, il en laissa périmer pour dix-huit mille francs d'un coup. Sans doute la poste les paya ; mais que de frais et que de démarches !

Presque toujours le plus clair de son bénéfice passait à des originalités fantasques, à des caprices sans nom.

« Léo Lespès était alors, — dit le rédacteur de *la Lune* caché sous le pseudonyme de Nox, — ce qu'on appelle un type à Paris, et quel type amusant ! il arborait des feutres splendides, des jaquettes à faire rêver, de superbes cravates rouges et des chaînes de montre à triple tour, — quand elles n'étaient pas au Mont-de-Piété. Pendant seize ans, on l'a vu ainsi attifé, suivi d'un chien jaune, dont le collier à grelots résonnants faisait retourner la foule.

« Certaine après-midi, dans les bureaux de *l'Estafette*, Lespès se trouva face à face avec Dumont, l'administrateur actuel du *Figaro*, un gentleman dans toute l'acception du terme, toujours rasé de frais, toujours correctement cravaté et simplement mis.

« — Comment, dit-il, en toisant Lespès des pieds à la tête, vous portez des grelots, maintenant?

« Dumont n'avait pas aperçu le chien du Commandeur, se grattant les puces derrière son maître. »

La révolution de Février ruina de fond en comble beaucoup d'hommes de lettres et n'épargna pas le héros de cette notice.

« Il travaillait cependant, continue le biographe déjà cité ; il entassait romans sur romans, fondait journaux sur journaux, courait après un peu de gloire et un peu d'argent, et ne trouvait qu'à doses homéopathiques ce qu'il cherchait. Il était pauvre, hélas ! si pauvre que la somme nécessaire lui manqua souvent pour entretenir de bouquets une tombe chère à ses souvenirs, — celle de sa femme, morte en 1848.

« Un jour, au cimetière, il rencontre le gardien.

« — Monsieur, lui dit-il, vous devriez bien soigner ce monument, en arracher les herbes parasites, arroser les fleurs que j'y ai plantées ?...

5.

« — Oh! je ne demande pas mieux. Je me charge d'autant plus volontiers de ces petits travaux, qu'ils représentent, à la fin de l'année, le meilleur de mon bénéfice.

« Il vint une idée lumineuse à Léo, qui comptait un grand nombre d'amis parmi les artistes de l'Académie nationale de musique.

« — Si vous êtes soigneux, dit-il, je vous donnerai des billets... d'opéra. »

Le gardien souscrivit à l'arrangement, et la chère tombe ne vit plus croître la mousse, et le soleil n'en dessécha plus les fleurs.

A l'époque où Frédéric Soulié mourut [1], le journal *le Siècle* avait commencé un roman de cet écrivain. Les abonnés en réclamaient la suite.

On pria Lespès d'achever *le Veau d'or*.

Ce n'était ni facile, ni commode. Frédéric Soulié n'avait pas laissé de notes; on ne trouva dans ses papiers aucune es-

[1]. En 1847.

pèce de plan. Néanmoins Lespès aborda
cette tâche ardue. Il s'en tira, — chacun
se plaît à le reconnaître, — avec talent
et avec bonheur.

Huit volumes nouveaux furent servis
aux lecteurs du *Siècle* sous le nom de
Frédéric Soulié.

Les libraires qui acquirent ensuite le
droit de publier ces volumes eurent assez peu le sentiment du juste et de
l'honnête pour ne pas imprimer sur la
couverture le nom du collaborateur ano-
nyme du défunt.

Sic vos non vobis.

Traduction libre : il serait temps que
l'intérêt des éditeurs ne passât plus en
première ligne, et qu'ils changeassent
enfin la méthode de faire travailler
l'écrivain pour le roi de Prusse.

Nommé du comité des Gens de lettres
à quatorze reprises, Léo Lespès fut un
des aides de camp les plus actifs du
baron Taylor, dans la campagne fi-
nancière entreprise par celui-ci pour

enrichir la caisse de secours et donner des rentes à la société.

Souvent, aux assemblées générales, le continuateur du *Veau d'or* a soutenu des luttes intrépides. Il y déployait cette remarquable facilité de parole et cette éloquence naturelle qui le distinguent. Un jour qu'il terminait par les mots suivants je ne sais plus quelle harangue : « Attaquez nos statuts tant qu'il vous plaira, Messieurs, vous me trouverez toujours sur la brèche pour les défendre ! » Nadar, le coryphée de la licence démagogique et le roi de l'interruption, lui cria :

— Il n'y a pas ici de Leporello ; on ne se laisse pas effrayer par les *statuts* du Commandeur !

X

Nous arrivons à l'histoire de la transformation de Léo Lespès en Timothée Trimm.

Son vieil ami Polydore Millaud, enrichi par des opérations de Bourse, et peu curieux pour lui-même des voyages à Douai, quitta la finance, ses pompes et ses œuvres, et revint au journalisme.

Il créa une feuille quotidienne, destinée à lutter contre les journaux illustrés à un sou.

La feuille en question se nommait *le Petit Journal.*

On tira d'abord à trente mille, dans l'espoir d'une forte vente sur la voie publique ; mais on ne plaçait pas la moitié de ce tirage, et quinze ou dix-huit mille exemplaires étaient vendus au poids, chaque jour, dans les magasins d'épicerie.

— Confiez-moi la chronique, dit Léo Lespès à Millaud. Je ne vous demande que deux cents francs d'honoraires mensuels. Vous m'augmenterez au fur et à mesure du succès.

— Bien, j'accepte !

— Mais, reprit Lespès, je vous pose plusieurs conditions.

— Lesquelles ?

— Mon article tiendra chaque fois la tête du journal.

— Soit.

— Je l'organiserai par alinéas et je le couperai par des étoiles.

— Va pour les alinéas et pour les étoiles. Est-ce tout ?

— Non, je veux prendre un pseu-donyme. Aussi longtemps que possible, il faudra qu'on ne me devine pas sous le masque.

Ces conditions arrêtées et convenues verbalement, Léo Lespès taille sa plume de chroniqueur, puis se met à l'œuvre. En moins de huit jours le *Petit Journal* double sa vente. Avant la fin du premier mois il tire à quarante mille.

— Eh bien, mon cher Millaud ?

— Eh bien, mon ami, c'est superbe ! Allez toujours.

La vente monte, elle monte encore, elle monte de plus en plus. C'est comme l'Atlantique aux jours de grande marée.

On est à cent cinquante mille de tirage [1].
Partout on entend des dialogues dans
le genre de celui-ci :

« — Connaissez-vous le journaliste
qui signe Timothée Trimm ?

« — Non, et vous ?

« — Ni moi non plus.

« — Qui ça peut-il bien être ?

« — En tout cas, c'est un gaillard qui
se fait lire ! »

Ouvrant le journal, un soir, Léo
Lespès voit qu'on a mis en tête un
article de Dumas, et que sa chronique
est reléguée sur la deuxième page. Il
court chez le directeur et lui dit :

— Vous m'avez manqué de parole, je
donne ma démission.

— Mais, mon ami, vous connaissez
bien ce farceur de Dumas ; il est d'un
amour-propre extravagant! Voyons, cal-
mez-vous, on ne recommencera plus.

— Vous me le jurez ?

— Je vous le jure.

1. Ce chiffre devait doubler encore.

. Six semaines après, on vient, avec beaucoup de politesse et d'égards, supplier Timothée Trimm de vouloir bien céder le pas à un autre grand seigneur littéraire, qui ne veut se mettre à la suite de personne.

— Est-ce Millaud qui vous charge de me demander cela ?

— C'est lui-même.

— Allez lui répondre que je donne ma démission.

— Mais vous êtes libre d'accepter ou de refuser.

— Je le sais bien, parbleu ! Voilà justement ce que je vous reproche : c'est de me créer une pareille alternative. Si je refuse, j'ai un ennemi de plus sur les bras, un ennemi irréconciliable ; si je cède une fois ma place, on viendra me la demander tous les jours.

— Prenez qu'on ne vous a rien dit, monsieur Lespès. Nous arrangerons l'affaire sans vous mettre en cause.

Il y avait dans ce double incident une

ruse diplomatique de la direction, qui
voulait conserver le chroniqueur en vo-
gue, sans lui donner une importance
absolue. Prenons garde ! pensait Millaud,
je vais être obligé de couvrir d'or cha-
cune de ses pages.

Timothée voyait la ficelle et se tenait
ferme.

Peu de temps après, son directeur vint
lui dire, d'un ton sympathique et presque
tendre :

— Vous vous tuez, mon pauvre ami !
Ce travail est au dessus des forces hu-
maines. Une chronique tous les jours,
c'est impossible.

— Je me porte à merveille ; de quoi
vous tourmentez-vous ?

— Il n'y a pas de santé qui tienne devant une fatigue aussi persévérante. Ce
matin j'ai parlé à un de vos confrères.
Vous alternerez ensemble ; il consent à
faire la chronique, de deux jours l'un.

— En vérité, il consent à cela ?

— Notez que vous avez aujourd'hui

deux mille francs par mois, et qu'en vous déchargeant de la moitié de la besogne, je laisse vos honoraires intacts.

— C'est trop de bonté. Pas de cet arrangement, ou je donne ma démission.

— Quel homme! Et si vous vous faites mourir?

— On m'enterrera, dit Lespès.

A dater de ce moment, tout fut dit. Les efforts tentés par le directeur pour la sauvegarde un peu trop intéressée de sa caisse eurent un terme. Notre chroniqueur ne se laissa pas désarçonner.

Si nos informations sont exactes, il gagne aujourd'hui plus de trois mille francs par mois.

— Je ne comprends pas, lui disait un de ses amis, que tu aies renoncé au nom de Lespès, déjà fort connu, pour prendre celui de Timothée Trimm.

— Mon cher, lui répondit Léo, le pseudonyme ressemble à la ceinture de liége qu'on s'adapte aux flancs, lorsqu'on veut essayer de nager. Le nommé Lespès barbotait au bord du fleuve littéraire, Timothée Trimm le traverse et nage en pleine eau.

XI

Dernièrement, M. Legouvé, de l'Institut, s'écriait, après avoir lu, dans le *Petit Journal,* l'histoire d'Isabeau d'Angoulême, dont la statue est à Fontevrault :

— Enfin, où ce démon de Lespès puise-t-il ses renseignements, et par quel procédé bizarre, inconnu jusqu'à ce jour, trouve-t-il à point nommé des tenants et des aboutissants historiques à confondre les chercheurs les plus habiles et les plus actifs ?

D'abord, monsieur l'académicien, la mémoire de Timothée Trimm est une *Encyclopédie universelle,*—première réponse.

Et, si vous tenez absolument à tout savoir, Léo Lespès a chez lui madame Desjardins, — seconde réponse qui est le mot définitif de l'énigme.

Qu'est-ce que madame Desjardins ?

Personne ne l'a dit encore. Il est temps de révéler ce secret curieux.

Madame Desjardins est la servante de Molière portée à la trentième puissance. Timothée lui lit sa chronique et reçoit, de temps à autre, sur la forme plus ou moins piquante à donner à tel ou à tel paragraphe, des conseils qu'il écoute et suit toujours.

La mémoire de notre écrivain lui fait-elle défaut dans une heure de fatigue ou d'ennui ? Madame Desjardins cherche, comble la lacune et aplanit l'obstacle à l'aide de la bibliothèque de Léo. Sa tête est un pandémonium littéraire, où se trouvent parfaitement classés, dans un ordre admirable, tous les ouvrages des auteurs anciens et des auteurs modernes. Elle connaît la matière dont chaque livre traite, les pages qui contiennent la citation propre à venir à l'appui d'un fait historique, d'un point doctrinal, d'un système de philosophie, d'une thèse à développer.

C'est un catalogue en crinoline, une bibliothèque en jupons.

Madame Desjardins a plus d'un demi-siècle de lecture assidue et persévérante. Un volume qui passe entre ses mains et sous ses yeux reste imprimé dans son souvenir, depuis le frontispice qui porte le nom de l'auteur, jusqu'à la table des matières qui mentionne le nombre des chapitres et la disposition des parties diverses de l'œuvre.

Voilà ce qui explique à M. Legouvé la notice donnée dans le *Petit-Journal* sur Isabeau d'Angoulême.

Lespès a pu l'écrire, grâce aux tenants et aboutissants historiques découverts instantanément par madame Desjardins, et dont les plus habiles chercheurs n'eussent pas trouvé la trace.

Criez au phénomène, au miracle, si bon vous semble.

Nous constatons un fait, voilà tout.

M. Pointel, gérant de la *Petite Presse*, autre journal populaire à succès, envoya son rédacteur en chef, Balathier de Bra-

6.

gelonne, porter à Léo Lespès des offres séduisantes : quarante mille francs de fixe par an, plus le droit de donner au *Petit Moniteur* et au *Monde Illustré* des articles rétribués fort cher.

A cent mille de tirage en plus, la *Petite Presse* assurait quatre-vingts mille francs de fixe au célèbre choniqueur.

Timothée déclina l'offre.

— Mieux vaut tenir que courir, répondit-il. Je suis heureux, du reste, mon cher Bala [1], que vous ne soyez pas entré chez moi avec cinquante mille francs dans la main, comme arrhes du marché, — car la vue de l'argent fascine, et j'aurais craint ma faiblesse. A Jérusalem, si les princes des prêtres, au lieu de trente pièces sonnantes, eussent présenté à l'Iscariote un bon sur la caisse Rotschild, Judas n'aurait pas vendu son maître.

Le mot dénote une certaine profondeur

1. Petite abréviation amicale du nom de M. Balathier de Bragelonne, assez généralement usitée dans les lettres.

philosophique. Timothée Trimm a beaucoup de mots de ce genre.

Quelqu'un niait un jour devant lui la
bonté de l'Etre suprême.

« — Il est tyrannique de la part de Dieu,
disait le libre-penseur, d'avoir fait naître
l'homme sans lui demander son agrément.

« — Bah! répondit Timothée, si vous
vous plaignez d'être entré dans ce monde,
sortez-en! Vous avez la clé sous le pail-
lasson.

« — Quelle clé?

« — Parbleu! le suicide. »

La réponse est spirituelle peut-être;
mais l'ancien rédacteur en chef du *Journal des Prédicateurs* nous permettra de
lui dire qu'elle est peu catholique.

XII

En outre de sa besogne énorme au
Petit Journal, Léo Lespès écrivit, dans
une des grandes feuilles consacrées en
France au développement du libéralisme,

des articles politiques sous le nom d'Yorick, — articles fort goûtés, où il traita souvent des questions difficiles avec un tact remarquable et une grande sagesse.

M. Duruy discutait, un soir, au ministère, avec trois ou quatre rédacteurs de cette feuille, qui lui lançaient des paradoxes à la tête.

— Ah! Messieurs, cria-t-il, vous êtes souvent dans le faux! Yorick seul a le sens commun chez vous.

Quelques jours après le ministre écrivait à Lespès une lettre extrêmement flatteuse [1].

1. Voici cette lettre. Elle se trouve imprimée en tête du volume, où l'auteur a réuni les articles mentionnés ci-dessus :

« YORICK,

« Vous avez bien de l'esprit, et je serais charmé de connaître votre nom, ne fût-ce que pour vous restituer votre bien. A la page 371 du *Bulletin de l'instruction publique* vous trouverez une lettre qui répond à une de vos idées et renferme une de vos phrases. Je ne suis pas Molière, mais je prends mon bien partout où je le trouve.

« Tous mes compliments à l'ingénieux inconnu,

« V. DURUY. »

En revanche, combien de critiques
s'acharnent après ce travailleur infatigable ! La popularité qu'il a conquise blesse
leur orgueil. Sans l'avouer hautement,
ils se disent *in petto* que l'or dont on
paye ses articles est enlevé à leur mérite.
Ces attaques perpétuelles, dirigées contre
un homme qui, malgré tout, se tient à
cheval sur le succès, non-seulement nous
paraissent empreintes d'une méchanceté
notoire, mais encore sont une offense
réelle au public.

« Vous avez beau crier au crétinisme
des masses, dit un des défenseurs de
Timothée Trimm. Je vous réponds : *Il y
a quelqu'un qui a plus d'esprit que
vous, c'est tout le monde.* On n'arrive
pas à la popularité dont jouit Lespès sans
quelque chose là et là, — à la tête et au
cœur. »

C'est parfaitement juste, et c'est parfaitement dit.

Du reste, le fécond écrivain du *Petit
Journal* ne s'émeut pas de ce tapage. Il
laisse passer la critique jalouse, et quand

il rencontre quelques-uns des excellents confrères qui s'acharnent à le démolir, il leur dit, en souriant :

— Vous m'honorez trop, mes amis. Toutes les fois qu'on tire, on met la cible plus haut que le tireur.

Et il ajoute :

— C'est avec les pierres dont vous avez voulu me lapider que j'ai bâti ma maison.

Très-doux de caractère et sans fiel, il eut l'idée originale de convoquer à un dîner splendide la bande complète des journalistes qui l'ont griffé de leur plume, et d'organiser le *banquet des ennemis*. Ce n'est pas le chiffre de la carte à payer qui lui a fait ajourner ce projet. Il attend que le baron Brisse lui dresse un menu, dans lequel on devra supprimer inexorablement le champignon, quelle que soit la sauce, et quels que soient les plats.

— Je frémis, dit Lespès en songeant que l'on pourrait m'accuser, si ce végétal spongieux allait empoisonner mes convives !

Ecrivant toujours au galop de la plume, Timothée Trimm laisse bien échapper quelques légères bévues ; mais il est loin d'être aussi coutumier du fait que le célèbre critique des *Débats*.

Notez, je vous prie, que Jules est hebdomadaire et que Timothée est quotidien, circonstance atténuante au premier chef.

Si Lespès a traité le cœur de vertèbre, du moins il s'est dispensé de donner au homard le titre pompeux de cardinal des mers, sachant que ces crustacés n'ont leur robe de pourpre qu'au sortir de l'eau bouillante, et que les rouges sont cuits, — comme disait, à la veille de l'Empire, un vaudevilliste réactionnaire.

« Après tout, s'écrie le biographe de la *Lune*, vertèbre, viscère... on peut se tromper de cela, quand le prote attend la copie ! »

Et surtout on peut se tromper de cela, quand chaque jour que Dieu fasse, ainsi que nous l'avons expliqué au début de ce petit livre, il faut donner un article sur un sujet différent du sujet de la veille ;

quand, sous peine, de déconcerter l'espoir du lecteur, il est nécessaire d'aborder les questions les plus imprévues et les plus subtiles ; quand on doit passer de la littérature à la science, du frivole au sérieux, du riré aux larmes, deviner tout, enseigner tout, ne rester court sur aucune matière, saisir la nouvelle au bond, l'actualité au vol, et ne se laisser distancer sous aucun prétexte par les rivaux.

Quand, dis-je, on a devant soi cette tâche presque surhumaine, un mot pour un autre peut se glisser, sous la plume.

Oui, messieurs de la critique !

Et si l'écrivain, objet de vos attaques, a le bon goût de ne pas user d'une publicité colossale pour vous répondre et vous couvrir de ridicule, il vous dame royalement le pion sous le double rapport du travail et de la générosité.

FIN

www.ingramcontent.com/pod-product-compliance
Lightning Source LLC
LaVergne TN
LVHW022022080426
835513LV00009B/836